Illisibilité partielle

VALABLE POUR TOUT OU PARTIE
DU DOCUMENT REPRODUIT

1. Armateurs et marins Bretons d'autrefois.— Un voyage au long cours au commencement du 18e siècle: de Brest aux îles françaises d'Amérique.

2. Les premières courses de Duguay-Trouin.

3. Les conquêtes C. M. de Balleroy, chef d'escadre C (Brest, 1776-1780)

4. Lettres inédites de Th. M. Laennec.

5. Révolte d'écoliers au collège de Vannes (18e s.)

6. Le procès de Louis XVI et la Révolution du 31 mai, d'après des lettres inédites de Gclad, député de Brest à la Convention nat.le

7. Le meurtre et le Cannibalisme rituels.

8. Aperçu général de la Criminalité militaire en France.

9. Notes et réflexions sur la Justice criminelle en France : à propos de l'affaire Anastay.

LES COMPTES

DE

M. DE BALLEROY

(1776-1790)

Par le Dr A. CORRE

VANNES

LIBRAIRIE LAFOLYE

—

1896

LES COMPTES DE M. DE BALLEROY

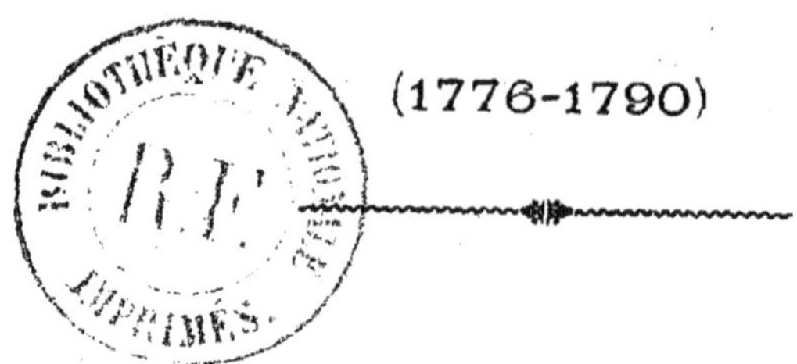

(1776-1790)

En compulsant des cartons des archives municipales de Brest, je rencontrai une grosse liasse de papiers, dont l'étiquette appela mon attention : elle portait cette indication, *Comptes de M. de Balleroy, chef d'escadre.* Il y avait là plus de 200 notes, mémoires, factures de toutes formes et de toutes grandeurs, de toutes écritures et aussi de toutes façons d'orthographe, qui émanaient des fournisseurs de la maison de cet officier général, de 1776 à 1790. La conservation de ces pièces témoignait d'un remarquable esprit d'ordre chez leurs anciens possesseurs ; elle pouvait servir à quelque chose qu'ils n'avaient certainement pas entrevu, à reconstituer la vie domestique d'une importante famille maritime et la vie économique gravitant autour d'elle, au fond de la Bretagne, à l'époque prérévolutionnaire. J'y songeai aussitôt et la présente étude est un résumé de mes nombreux extraits.

Louis-Auguste, vicomte de Balleroy, était le second des six enfants de Jacques-Claude-Auguste de la Cour, marquis de Balleroy[1], gouverneur du duc de Chartres et lieutenant général des armées du Roi, et de Marie-Elisabeth Goyon de Matignon ; encore simple lieutenant de vaisseau, il avait épousé en 1760 Mlle de Penfentenyo. Il ne tarda pas à passer, sans services bien émérites,

---

[1] L'aîné des deux fils issus du mariage de M. de la Cour, conseiller au Parlement, puis maître des requêtes, devenu marquis de Balleroy, et de la belle Madeleine-Charlotte-Emilie Lefèvre de Caumartin, que ses correspondants ont rendue presque célèbre. Le comte de Barthélemy, *les Correspondants de Madame de Balleroy,* introduction, t. I.

au grade de capitaine de vaisseau, et, sur les états de la marine,
il figure avec le grade de chef d'escadre « de la promotion du 20
août 1784 ». Il reste à terre, ne se fait attacher ni aux escadres, ni à
la direction du port, mène à Brest la vie calme d'un homme à
l'ambition satisfaite, favorisé d'une honnête fortune, sans grandes
charges de famille (il a chez lui une nièce et quelques papiers font
mention « d'un petit garçon »). Evidemment, ce n'est point avec
une solde, d'abord de 3200 l, qu'il touche comme capitaine de
vaisseau, ni même avec celle d'un chef d'escadre, réduite de tous
les suppléments des services actifs, que M. de Balleroy peut faire
face aux exigences d'un nom et d'une situation très en vue ; son
train de maison lui impose au moins quatre domestiques (un
valet de chambre, une femme de chambre, une femme de charge,
une cuisinière), l'entretien d'un vaste immeuble, de gros frais de
représentation. Même avec de beaux revenus, il faut, au ménage
aristocratique, de l'ordre et une prudente économie, pour éviter
les dettes, payer exactement les ouvriers employés, les marchands
fournisseurs, et c'est à quoi il arrive ainsi que le montrent tous ces
menus papiers, avec la mention d'un acquit, presque toujours au
lendemain de la date de leur remise. On se fait généralement une
idée assez fausse de l'existence des nobles d'autrefois. Sans doute,
dans le monde des privilégiés, la jeunesse est gaspilleuse et folle;
sans doute aussi l'âge mûr n'est pas toujours plus sage, au sein des
tourbillons de plaisirs et d'intrigues galantes de la capitale. Mais
en province, les maisons les mieux titrées savent allier les dépenses
nécessaires, largement accrues de celles que réclame l'exercice de
la charité, aux dépenses de superfluité, sans déséquilibrer leurs
budgets. M. de Balleroy avait d'ailleurs été élevé à bonne école, un
peu en gentilhomme campagnard à ses débuts, et ses comptes
seraient un excellent modèle à présenter à maintes familles bourgeoises, dont le faste ostentatoire ne détermine pas autour d'elles
l'activité et le mouvement dans le milieu artisan et commercial que
dénote le genre de vie de notre officier de marine.

La moyenne de la dépense annuelle qu'on peut déduire de ces
notes, et qui ne comprend pas, bien entendu, les dépenses cou-
rantes de l'alimentation et des aumônes, les mille frais journaliers

payés sur le moment, s'élève à 3000 l. Un tiers environ de cette somme ne profite pas toujours au commerce brestois (M. de Balleroy, ainsi qu'on le verra, en calculateur avisé de ses intérêts, tire de divers lieux certaines denrées de consommation, certains objets d'ameublement ou d'habillement ; même, grâce à ses relations avec l'intendant de la marine, il obtient de temps à autre la cession de quelques matières des magasins de l'arsenal). Mais le reste représente encore un assez joli chiffre de répartition, pour une seule famille, entre les travailleurs de toutes catégories d'un petit milieu.

Abordons les détails.

I. — Jusqu'en 1781, M. de Balleroy loue un appartement au prix de 550 l. par semestre. A partir de cette époque, il occupe, sans doute à titre de propriétaire, une maison à trois étages et mansardes, avec cour et jardin, désignée, sur un rôle préparatoire de capitation pour 1787[1], sous le n° 35 de la rue de la Rampe, « portion du champ de bataille[2] ». Cette place était alors, comme aujourd'hui, très fréquentée du beau monde ; entourée d'arbres, elle servait de promenade aux dames, et les parades, les revues de troupes qui s'y faisaient, y attiraient de nombreux spectateurs ; c'était la seule propre aux fêtes publiques[3]. La portion de la rue de la Ramque qui la délimitait d'un côté était presque exclusivement habitée par de hauts officiers de terre et de mer : là demeuraient M. de Lusignan, major de la place, MM. de Rosily, de la Motte-Piquet, de Lalandelle, du Fretay, etc. ; à peine quelques magasins, parmi lesquels il convient de citer celui d'une femme qui vient de quitter le théâtre, où elle a brillé d'un reste d'éclat, pour devenir marchande de mode, Mme Dorbigny[4]. La maison de M. de Balleroy

[1] Brouillon établi par les officiers de quartiers de la milice, conservé aux archives municipales.

[2] La maison répond probablement au n° 4 actuel de la même rue. Mais les alignements ne correspondent pas sur le plan de 1780 avec ceux d'aujourd'hui.

[3] « On se souvient encore de celle qu'y occasionna M. le duc de Chartres, » venu à Brest pour visiter l'escadre d'évolution, en 1772. L'*Observateur* ou l'*Espion anglais*, VIII, p. 108.

[4] Célèbre aussi, à Brest, pour sa liaison avec un jeune officier de dragons, M. le chevalier de Coatlès. J'ai raconté cette histoire, qui finit tristement, dans la *Revue rétrospective*, 1893.

était l'une des plus considérables de ce quartier choisi, tout à
proximité du théâtre et de l'hôtel Saint-Pierre, l'hôtel du commandant de la Marine, M. le comte d'Hector. Elle comportait donc
des frais d'entretien assez lourds, qui donnaient de fréquentes occu-
pations aux ouvriers dits du bâtiment.

Le maçon ne paraît guère, non plus le charpentier : ils cons-
truisaient en conscience et, leur ouvrage livré, il était rare qu'ils
eussent à y reprendre. Le couvreur, en revanche, dans une ville
exposée aux raffales de la mer, a souvent à intervenir : l'on a avec
lui un abonnement (21 l. par an), mais cela n'empêche pas qu'on
ait à l'employer pour maintes réparations plus ou moins extraordinaires : la journée d'ouvrier est de 1 l. 15 s., celle de maître de
2 l. ; le cent d'ardoises revient à 4 l. 15 s. 1 d.

Le menuisier ne compte pas par journées d'ouvriers, mais par
ensemble de travaux exécutés. Il produit surtout des mémoires
relatifs à la reconfection ou à la mise au point des portes et fenêtres,
à l'application de panneaux, lambris et bordures dans les appartements, le cabinet de Monsieur, la « salle de compagnie, » etc., ou
bien à la fourniture ou à la réparation d'objets d'ameublement : la
toise de boiserie se paie de 10 à 12 l.

Le serrurier, sur ses mémoires, ne décompose pas la main d'œuvre :
ainsi que le menuisier, il établit le prix d'une fourniture ou d'une
réparation, sans mentionner le nombre des journées d'ouvriers. Il a
beaucoup d'ouvrage, à une époque où l'on utilise très largement le
fer forgé, et sous un climat humide où la rouille détériore vite le
métal. On devine que ses visites sont principalement motivées par
les accrocs survenus aux serrures : «avoir démonté la serrure de la
porte batante et l'avoir toute remonté pour la nétoyer et persé deux
trous d'atache et fourni trois vis, 1 l., 10 s. » Ce serait plus cher
aujourd'hui ! Le serrurier a d'autres ouvrages : il répare les fers à
repasser, pose des tringles, établit des garnitures aux fenêtres,
fournit pour les cheminées des « garnitures bien polies », pénètre
dans la cuisine, où le nettoyage et la réparation du tourne-broche
l'appelle assez fréquemment : « avoir fait un suport pour le tourne-
broche et persé la piere et l'avoir bien selé et fait deux petits trous
monté avec une roulette qui fait défilé la corde de dessus le tam-

bour et fourni 18 pous de chaine et sangé la corde, le tout 12 l. »

Les mémoires du peintre sont particulièrement élevés. C'est qu'à l'époque, dans les appartements, les boiseries sont multipliées, découvertes, ou parfois revêtues de tentures mobiles, les meubles de couleur et d'ornementation adaptées aux boiseries (couleur blanche, filets dorés, etc.) On peint aussi les parquets, les murs des corridors, sans parler des portes et des fenêtres, des jalousies, des balcons. « Pour peinture à 2 couche cabinet de Monsieur 19 toises 1/4, chambre de madame 16 toises 1/2, chambre de monsieur 14, antichambre de M. 5, les 2 portes sur l'escallier de la chambre de M. et de Mᵐᵉ 3, total 57 toises 3/4 à 2 couche à 3 l. 12 s. la toise, 207 l. 18 s. ; — peinture à une couche antichambre du cabinet de madame 7 toises, dans les escaliers 12 1/4, total 19 toises 1/4, la toise à une couche à 36 sous, 34 l. 13 ; — pour avoir peint le plancher de la chambre de M. en rouge à 2 couches 9 l. » 6 journées d'ouvrier, « à blanchir les plafonds et l'escalier et le plancher des chambres en rouge », reviennent à 9 l. Les balcons donnant sur le champ de bataille sont peints en noir, les jalousies en vert, des cages à poules (dans la cour) en rouge. A deux ans d'intervalle, un renouvellement à peu près général des peintures de l'intérieur coûte 304 l. Le peintre est aussi vitrier ; il pose et nettoie les carreaux; ceux-ci, selon leur grandeur, reviennent à 6, 8 ou 16 sous la pièce : le vitrage de 4 croisées neuves en exige 128, à 8 sous, (51 l. 4 s.)

La fourniture et l'entretien de l'ameublement se partagent entre le tapissier et le menuisier, mais de manière fort inégale, le dernier n'apparaissant qu'à propos de gros ouvrages ou d'objets communs. Les meubles, sous l'ancien régime, n'avaient rien que puissent rappeler les imitations mesquines et de mauvais goût des maisons bourgeoises à prétentions d'aujourd'hui : ils étaient simples réunissant pourtant le solide à l'artistique, le grave et le confortable à l'élégant et au gracieux, selon leur destination dans les pièces. La plus forte dépense que M. et Mᵐᵉ de Balleroy leur ait consacrée (en 1783) est relative à la salle de compagnie (salon) : elle fait l'objet de 3 mémoires, l'un de 4177 l., un autre de 456 l., 17 s., le troisième de 4138 l., deux portent la signature de Le Cointre, mar-

chand de Brest. Je reproduirai le premier et le dernier, celui-ci ne
me paraissant être que le détail de la fin de note du premier.

A. — Du 11 février 1783 : « 52 aunes de toille pour doubler la
tapisserie à 1 l. 13 s. l'aune, 85 l 16 ; — 180 pieds de baguette en
or à 2 l. 15 s. le pied, 495 l. — 20 agraffe pour les baguette à 2 l.
la pièce, 40 l. ; — 2 aunes de damas pour finire la salle qu'il me
manqua, à 15 l. 10 s., 31 l.; — 20 aunes de cordon de soye pour les
croisée à 15 s. l'aune, 15 l. ; — 1 aune 1/2 de cordon pour lustre
et les gland, 13 l. ; — cordon et gland pour sonnette 10 l. ; —
8 glands pour les oreillers de l'hotoman à 2 l. 10 s., pour 20 l. ; —
8 glands à 4 l. pour les croisée et cordon de soye 35 l. ; — 5 aunes
de taffetas pour la pendulle à 5 l. 10 s. l'aune 27 l. 10 s. ; —
rubans et façons de l'ouvrage 3 l. ; — 56 aunes de toille de
cotton pour toutes les housses 2 l. 10 s., 145 l. 12 s. ; — façon
de toutes les housses 28 l. ; — 1 aune 1/3 de damas pour l'écran
à 15 l. 10 s. l'aune, 20 l. 13 s. ; — cordon de soye, cloux doré fin,
galon et façon 9 l. 14 s. ; — 5 aunes 1/4 de toille pour 2 fauteuilles
à 2 l. 10 s. l'aune, 14 l. 3 ; — bordé de soye et façon des 2 fauteuilles
9 l. ; — fourni pour les 6 fauteuilles 7 pièces de liette blanche à
12 s. l'aune pour les housses 7 l. 14 s. ; — 4 aunes 1/2 de toille
blanche pour la housse du canapé à 1 l. 16 s. l'aune, 8 l. 2 ; —
façon des nousses de 6 fauteuilles et le canapé 9 l., total 1027 l. 4 s. ;
— prix convenu avec M. de Balroy, une tapisserie de damas vert,
douze fauteuilles, deux demi-bergères otomanes, compris les oreillers,
rideau de taffetas, lit à la polonnaise, pour la somme de 3150, —
ensemble 4177 l. 4 s. »

B — Note sans date ni signature, dont le détail rentre sans doute,
au moins en partie, dans l'appendice de la précédente : « montant
d'un meuble de damas vert, pour la tapisserie de la salle 54 aunes
à 14 l. 10 s. 783 l. ; 24 aunes taffetas fort pour les croisés à 8 l. 10,
204 l.; 12 fauteuilles en damas à 55 l. pièce 660 l. ; 2 demi-bergères
à 140 l. piece 280 l., automane de 6 pieds de long compris ses
oreillers 350 l. ; en tout 2277 l. ; — meuble en velour d'Utreke[1],
54 aunes à 10 l. 10, 567 l., 24 aunes taffetas à 8 l. 10, 204 l. ; 12

____

[1] Pour une autre pièce que le Salon principal.

fauteuils en velour d'Utrek à 45 l. pièce 540 l. ; 2 demi-bergères à
120 l. p., 240 ; automane velour d'Utrek y compris les oreillers 300 l. ;
en tout 1851 l. »

Quant aux glaces, elles viennent de Paris, de chez Hubert Pitra,
rue Grenelle Saint-Honoré : je n'ai point rencontré la facture qui
concerne cet article, mais seulement la lettre de voiture qui se rap-
porte à l'expédition.

II. — Le chauffage se fait au bois, que M. de Balleroy tire quel-
quefois de l'arsenal au prix de 20 l. la corde « d'arrimage, » beaucoup plus forte que la corde ordinaire. Les cheminées ont leurs
garnitures en bois peint : leur ramonage annuel (chose à laquelle
l'ancienne police veillait avec un soin très attentif) coûte, par abonnement, 18 l. En quelques pièces, il y a des poëles, dont l'entretien,
joint à celui d'autres articles, regarde le serrurier : « un poel avec
un four de tolle (pour la cuisine), un grand garde feu en tolle, une
chauffette de tolle, » etc.

Je ne relève, à propos de l'éclairage, que des fournitures de
chandelles, qu'on fait venir de Morlaix par caisses de 50 livres
(39 l. 10 s). Mais il est probable que les maîtres font usage de
bougie, alors encore tout à fait de luxe.

III. — A la lecture de divers papiers, j'entrevois la cuisine
d'antan, vaste, bien éclairée, à large cheminée où brillent les
beaux chenets d'acier, où se détache, sur l'un des côtés, la cage
du tourne-broche avec sa longue chaînette à poids de pierre, et,
au fond, la puissante crémaillère, aux murs étincelants de cuivres :
ici la fontaine fleurdelisée, là les casseroles de toutes grandeurs,
les chaudrons et les marmites, etc. C'est le bon temps des maîtres
chaudronniers, les « orfèvres en gros, » comme ils s'intitulent,
aussi celui des « orfèvres en fin », qui ne dédaignent point de
travailler pour la cuisine.

Une note de l'étameur nous initie à ce qu'était la batterie de
cuisine chez M. de Balleroy, au début de son installation, (elle est du
sieur Vincent Omnès et ne monte qu'à 9 l. 11 s.) : « étamé 18
casserolles 3 l. 12 s., 1 marmite 10 sols., 1 casserolle ronde 8 s.,

1 braisière 10 s. 1 casserolle ovalle 10 s., 1 cocmare 10 s., 1 passe
purée 8 s., 1 poëlon 4 s., 2 tourtières 8 s., 1 poissonnière 10 s, »
etc. Mais avec l'ascension du maître de maison au grade de chef
d'escadre, le matériel augmente et même se grossit de beaucoup
d'argenterie (celle-ci vient de chez maître Tourot, garde de la cor-
poration des orfèvres de Brest et de Landerneau, un futur maire
de Brest) :

« 2 casserolles d'arjean pesant 6 marcs 5 onces à 59 l. le marc
control compris, 390 l. 17 s. 7 d., et fason des deux casserolles
72 l., total 462 l. 17 s. 7 d. » Mais M. de Balleroy, qui sait le prix
des choses, obtient une réduction de 99 l. 15 s., en remettant à l'orfèvre « du vieux galon doré pesant brut 3 l. 2 onces ».

« 4 pièces d'arjean pesant 12 marc, 2 onses 3 gros 1/2 à 57 l. 10 s.
le marc control compris 707 l. 9 s. 8 d., fason à 21 l. piese, 84 :
791 l. 9 s. 8 d. ; — 6 couvers à fils et à... (?) pesent 4 marcs
4 gros 1/2, à 52 l. le marc, 237 l. 13 s., 3, controle 19 l.,
fason 36 ; — 4 salières à cristaux garnies d'arjean, 72 l. » Mais la
revente d'une « vieille soupière » en argent diminue le montant
de la fourniture de 410 l.

Quant à la vaisselle « de fayance », une fois M. de Balleroy
s'avise de la faire venir de Marseille. Le marchand ne lui compte
que 51 l. 8 s. pour 12 douzaines d'assiettes « chautournées », 1 douzaine d'assiettes rondes et l'emballage ; mais les droits de ferme et
de transit sont si excessifs, qu'ils élèvent le mémoire à 163 l. 2 s.
3 d. Stupéfait... et irrité, M. de Balleroy, se plaint à la personne
intermédiaire qu'il avait chargée de l'achat : celle-ci, tout en lui
communiquant le brouillon d'une réclamation au fermier général
du Roi, à Paris, ne peut que lui transmettre les explications du
fournisseur : le receveur de la ferme, à Marseille, a exigé « pour
droit principal 60 l., acquit 5 l., 10 s. par livre 30 l. 2 s. 6 d., en
tout 90 l. 7 s. 6 d. »

A en juger par la multiplicité et l'énoncé des factures relatives
aux approvisionnements de la cave et de l'office, la table devait
être copieuse et bien servie. Les maisons, même simplement à
l'aise, achetaient autrefois leurs denrées de consommation par
quantités plus ou moins considérables ; on n'allait point comme

aujourd'hui, dans plus d'une maison riche ou affichant la richesse, acheter au jour le jour, et souvent sans payer, le vin chez les marchands détaillants, mille choses, chez l'épicier. On aimait à être bien garnis de tout ce qu'il était possible de conserver par provisions. C'était d'ailleurs réserve nécessaire, chez des gens dont la table était toujours prête à recevoir convenablement un ou plusieurs hôtes, invités de voisinage ou du milieu professionnel.

Point de notes du boucher ni du boulanger : la viande et le pain se paient au comptant ; ou la fourniture du pain, si elle se règle au mois, s'acquitte d'un coup de couteau sur le bois servant aux encochures, — chacune représentant un pain d'un poids et d'une valeur déterminés, — ainsi que cela se pratique dans plus d'un endroit de la France.

Mais je ne relève pas moins de 11 grandes fournitures de vins, la plus forte montant à 700 l., la plus faible à 300 l. Les vins sont tirés du Bordelais, achetés de la maison Boyer-Fonfrède-Zimmerman, qui charge les barriques sur les chasse-marées à destination de Brest, ou les confie à quelque navire du Roi, en relâche à Bordeaux. Leur prix, sans approcher de la valeur actuelle des mêmes crûs, ne laisse pas que d'être assez élevé. Entre 1781 et 1789, 1 barrique de vin rouge « fin ordinaire médoc » coûte de 106 à 150 l. (425 à 600 l. le tonneau[1]), 1 barrique de vin rouge « fin ordinaire Saint-Julien », de 180 à 212 l. (720 à 850 l. le tonneau), 1 barrique de vin blanc « Graves première qualité » 100 l. (400 l. le tonneau), 1 barrique « haut Lançon première qualité » 50 à 75 l. (200 à 300 le tonneau). Les droits à acquitter amplifient singulièrement les factures : voici, par exemple, une fourniture de 6 barriques de vin rouge et blanc, « clarifié brillant, relié à un cercle de fer par bout, » cotée à 600 l., les frais supplémentaires portent la note à 712 l. 10 s. : « droits de sortie, 82 l. 16 s., rabattage et autres frais jusqu'à bord compris les cercles de fer 33 l., supplément de frais extraordinaires pour le transport 7 l. 1 s., provision à 2 p. % 13 l. 13 s., prime d'assurance 16 l. 1 s. »

Par occasion, grâce à la complaisance d'anciens camarades M. de Balleroy s'approvisionne de vin de Chypre.

---

[1] Le tonneau, mesure de capacité, s'estime en poids (2000 livres).

Le vin se met en bouteilles à la maison, et c'est encore la raison d'un assez gros débours : le cent de bouteille se paie 38 l. 12 s.

L'épicerie vient d'ordinaire de Nantes (maison Colas) ou de Bordeaux (maison Boyer et Cᵉ). Elle comprend des approvisionnements de denrées très variées : — de l'huile fine, « le buard p. net a 37 l. 20 ou 39 l. ; » - des jambons à 18 s. la livre ; — des « pains de fromage ; » — des haricots secs, du poivre, du café, surtout des assortiments de flacons d'anchois, de capres, d'olives, de cornichons, de bouteilles de « verjus », des prunes sèches, des pots de raisiné fin, de gelées de groseille et de pomme, de confitures de prunes (mirabelle, reine-claude) et de cerises, de marmelade d'abricots, etc.

On n'achète guère à Brest que la confiserie et la pâtisserie de fabrication extemporanée et qui dépasse le savoir faire du cordon bleu de la maison, à l'occasion d'un repas de famille ou de corps : Mᵐᵉ Lesanzay livre, le 29 janvier 1788, « 2 fromages à la glace 15 l., 2 compottes 3 l. 12 s. et 2 douzaines de goffre 2 l. 8 ; » et le 5 février, « 2 fromages à la glace 15 l., 2 douzaines de gaufre 2 l. 8 s, 2 compottes 3 l. 12 s. »

Une fois, un traiteur est chargé de servir un grand repas, par exception aux habitudes de l'époque. Je reproduis textuellement « la carte » du Vatel brestois, curieuse à plus d'un titre :

« Mémoire pour M. de Balroy du 12 avril 1790[1].

« Pour 10 livres de beuff 4 l., pour petit artichau...(?) et beur 2 l. 10 s. ; pour 2 assiettes de petit patez 1 l. 4 s. ; 2 poullardes à laistrargon...(?) 4 l. 10 s. ; une nois de vau piquez 4 l. 10 ; un patez chau garnie de...(?) quenelle 5 l. 10 s. ; un aspique garnie de servelle 6 l. ; un de pijont 4 l., un de rie de vau piquez 5 l., un fillay de bœuff piquez sausse...(?) 6 l. ; un d'agneau piquez 3 l. 10 s.

« 2 relevez, un cauchont lay 4 l. 10 s. ; un que (une queue) de saumont piquez glassez 6 l.

« 5 pla de rau (rôt), un rau de kiff (sic) d'agniau piquez 7 l. 10 s.,

---

[1] J'ignore à quel propos fut donné ce repas. Il ne tombait pas à un moment de quiétude dans le monde maritime : l'autorité de MM. d'Hector, commandant de la marine, et de Marigny, major général, était très ébranlée. Le 22 avril les canoniers-matelots souscrivaient au pacte fédératif des troupes.

un a caullade de levreau don un piquez 3 l., deux poullards dont un piquez garnie de cresson 4 l. 10 s., un a caullade de laprau 2 l. 10 s., trois pijont bardez 3 l.

« 2 grausse pies (pièces). Un nougat 7 l., un gateau de savoy 7 l.

« 2 salades, 1 l. 16.

« 10 autre may (mets). Un de...(?) d'amour 1 l. 4 s., un de pain à la duchesse 1 l. 4 s., un de touront 1 l. 4 s., un d'asperje 3 l., un d'artichau 1 l. 4 s., un de gellez daurange 3 l., un deuff au jue 1 l. 4.

« Pour le desserd, 12 oranges à 4 s. piesse 2 l. 8 s., 4 assiettes de paume (pommes) 5 l., 2 compautes de paume 4 l., un compaute dabricau à laudevie 3 l., 2 assiettes de biscuit 1 l. 4 s., 1 assiette de macaront 1 l., 1 de jin blaite (gimblettes) 1 l., 1 de...(?) 1 l. ; un tambour garnie de petit bisqui et petit four 5 l., 1 assiette de prune 1 l. 10 s., un gateau à la fleur daurange 4 l., 2 assiettes de gauffre 2 l. 10 s., 4 assiettes montez garnie de pastille 12 l. »

Total de la carte, 157 l. 6 s.

Outre que ce document nous initie aux détails d'un menu sous l'ancien régime, il nous montre quelle devait être l'énergie digestive chez nos pères, gens sains et vigoureux, très actifs, qui ne reculaient point devant un gros entassement de mets substantiels. L'art culinaire est déjà, pourtant, quelque peu compliqué ; mais les ingrédients de l'officine du traiteur ne sentent pas encore *le chimisme* des laboratoires des Vatels d'aujourd'hui.

IV. — Les mémoires relatifs à la lingerie, ceux du drapier-soyer et du tailleur sont très modérés. Les étoffes sont fournies par Thomas Raby, l'un des marchands les plus achalandés de Brest.

Monsieur s'en remet aux tailleurs de la ville du soin de lui confectionner des vêtements civils et de petit uniforme, aussi de réparer ceux qui ont souffert de l'usure ou d'en retirer « veste et culotte pour le garçon », ainsi qu'il appert de notes (toujours l'économie). Les façons ne sont pas bien chères : « pour fason et fourniture dabit, veste et culote 10 l., pour fason des 2 vestes et 2 culotes de nanquein 7 l., pour fason de 2 surtout de couty 7 l. ; pour fason d'une grande culote au petit 15 s. ; pour fason d'une

veste drap bleu galoné 6 l. ; pour fason d'un gillet garni de satin
2 l. », etc. Mais c'est à Paris qu'on demande les galons et les broderies du grand uniforme. Justement l'ordonnance du 1er janvier
1786 vient de modifier la tenue : c'est une lourde dépense qui
s'impose aux officiers de marine ; l'on en peut juger par le mémoire
suivant[1] :

Le mémoire, de 1786, est signé de Fourquemin, brodeur à Paris :
« trois aunes de drap de paignon bleu de Roy à 34 l., 102 l. ; 9
aunes de croizé de soye bleu à 6 l., 54 l. ; 1 au. drap de Julienne
écarlatte 40 l. ; 2 au. croizé de soye blanc double à 6 l. 10 s.,
13 l. ; avoir brodé le grand uniforme des généraux en passé portant onze aunes un quard à 66 l., 742 l., 10 s. ; avoir brodé le
second bord du même uniforme portant onze aunes 3 quart à 36 l.
423 l. ; 52 gros boutons à 3 l. la douzaine, 13 l. ; 3 douzaines de
petit bouton à 1 l. 10 s., 4 l. 10 s. ; pour l'embalage, la caisse, la
ouette, la toille cirée, le papier, 6 l., » en tout 1398 l.

Monsieur fait aussi venir de Paris ses chapeaux de castor, de chez
Chardon, « *aux armes de France*, rue de la monnoie au coin de la
rue Baillete, marchand chapelier de la maison de Son Altesse
royale Madame, » qui « fabrique et vend toutes sortes de chapeaux
castor, demi-castor, chapeaux de soye, etc., le seul dans Paris qui
tient les vrays castors anglais pour les dames, portant leurs plu-
mets naturels, pluchés, non pluchés, chapeaux d'amazonnes, de
bal, de cheval et pour la chasse, tant pour les messieurs que pour
les dames et garnis dans les plus nouveaux goûts... »

Madame ne semble pas consacrer des sommes folles à sa propre
toilette. Les robes, sans doute, sont confectionnées à la maison,
car je ne découvre aucune note de couturière, seulement des achats
d'étoffes (taffetas, camelot, serge, etc.) qu'il est assez difficile de

---

[1] Le titre 2 de l'ordonnance règle ainsi l'uniforme des officiers généraux :
« habit drap bleu de roi, doublure de serge de soie écarlate, veste et culotte
écarlate ; habit sans paniers, manche en bottes ; pattes de poches en travers,
garnies de 3 boutous ainsi que les manches. Broderies identiques à celles de
l'uniforme des grades correspondants dans l'armée, seule différence aux boutons
qui, dans la marine, seront de cuivre doré d'or moulu, timbrés d'une ancre.
« Le petit uniforme, sauf les différences des boutons, comme pour les officiers
généraux de terre ».

déméler d'entre les fournitures destinées au petit garçon ou au mari. Les mémoires spécialement adressés à madame de Balleroy ne sont jamais bien élevés, et ils comprennent à peu près toujours les mêmes objets : de chez Brousmiche, « une paire de manchette en gaze à double rang 1 l. 15 s. ; la monture d'un bonet de linon, 1 l. 4 s. ; la monture d'une beigneuse 15 s. » Le renouvellement d'une « couverture de manchon de satin noir, doublure de satin bleue, le ruban et la façon », coûtent 4 l. 5 s. De temps à autre, quelques aunes de ruban « blanc gros grain », vert, noir, ou mordoré, « de beau marly », etc. Voici le prix d'une coiffure, un bonnet, en 1782 (combien cela s'éloigne des complications d'aujourd'hui ! Marie-Antoinette a pourtant donné le goût des coiffures extravagantes, mais la province est en retard sur la capitale) : « un bonet de basin 15 s., 3 carts de beaux marly pour papillon et bavolet 1 l. 13 s., demi aune de gaze pour turban à 2 l. 10 s. l'aune 17 s., une aune et demie de ruban à 14 s. l'aune 1 l. 1 s. ; 3/4 de gaze pour barbes 2 l. 5 s., la façon du bonet 1 l. 4 s. » De loin en loin, quelques dépenses de luxe exceptionnelles (les fournitures viennent alors de Paris) ; en 1788, je trouve cette petite pièce : laisser passer du bureau de la Gravelle (fermes du Roi), « pour une valeur de 64 l. en souliers de soye et manchon neuf à 5 o/o l. 64 », payé 10 l. 11 s. (droits ainsi décomposés . sortie 3 l. 4 s., office 6 s. 8 d., acquit 5 s., traittes et droits prélevés pour livres. 6 l. 15 s. 4 d.) ; l'année précédente, je découvre cette autre note : « 2 livres pomade à la fleur d'orange 12 l., 6 paires gands blancs 8 l., 6 paires gands en couleur 9 l. » (ces objets sont envoyés de Toulon).

V. — D'après ce qui précède, on peut prendre une idée générale de la vie de la famille de M. de Balleroy, tant dans le privé que dans les relations. D'autres mémoires achèveront de nous la faire connaître.

Pour madame, lorsqu'elle se rend en visite ou au spectacle, il y a une chaise à porteurs.

La maison possède une grande voiture, mais dont elle ne fait pas usage : elle reste remisée chez un loueur, auquel, pour son entretien, M. de Balleroy paie un abonnement annuel de 72 l. Une fois seulement elle me paraît avoir servi pour un voyage de monsieur au domaine de Balleroy[1].

A l'église (l'église paroissiale de Saint-Louis), la famille a son « demi banc » pour lequel le marguillier en exercice reçoit chaque année, vers le mois d'octobre, la somme de 9 l.

Une facture laisse deviner les attentions du mari à l'égard de madame de Balleroy, à propos d'un premier janvier, par la commande à l'orfèvre Tourot d' « une boîte d'or ronde à femme, » une bonbonnière sans doute (jolies étrennes d'une valeur de 407 l. 10 s.) ; une autre trahit une date noire, celle d'un deuil récent, par une commande « d'éternelles, » (de 48 l.)

Un mémoire de 1787 me rend tout rêveur ! Il s'agit d'un achat de cartes à jouer, fait à Morlaix, chez Papous, pour le compte de M. de Balleroy, par M. de la Grandière : « 24 sixains de cartes entierre à 3 l. 4 s. le sixain fait la grosse 76 l. 16 s. ; 24 sixains de piquet à 2 l. 8 s. le sixain fait par grosse 57 l. 12 s., en tout 134 l. 8 s. » L'on jouait donc, dans la maison de la rue de la Rampe, l'on n'y échappait pas à une passion déplorable, qui avait pris, à Brest, dans toutes les classes, comme un regain d'activité, dans les dernières années du règne de Louis XVI, malgré les efforts des magistrats pour l'enrayer (on poursuivait partout le jeu clandestin ; mais arrêté dans un lieu il reparaissait dans un autre, sous une forme et sous un nom nouveaux, qui prétendaient défier les atteintes de la police ; on dut même interdire le loto !) Etait-ce le moyen dérivatif pour se soustraire aux préoccupations politiques ? Je ne le saurais dire. Ces préoccupations d'ailleurs apparaissent très nettes dans la curieuse collection des notes de M. de Balleroy.

Jusqu'en 1788, l'officier général s'est borné à lire le *Journal politique de Genève*, feuille de nouvelles assez terne, « composée de 52 cahiers, » et dont l'abonnement annuel est de 21 l. Mais à partir de la fameuse querelle des parlements, qui revêt en Bretagne un caractère particulier d'acuité, tout à coup. M. de Balleroy se montre très soucieux des affaires du temps : on le voit, au fur et à

<hr>

[1] Le château de Balleroy, en Normandie, était l'une des plus belles demeures seigneuriales de la province. Voir Bidot, *Balleroy et ses environs* (Calvados), Saint-Lô, 1860.

mesure que les événements de la Révolution s'annoncent et se déroulent, multiplier les achats de publications *d'actualité*, livres, journaux, pamphlets, etc., chez le libraire Fournier (grande Rue, *au Temple du goût*[1]), et la nomenclature des ouvrages livrés par celui-ci n'est pas la partie la moins instructive du dossier que j'ai compulsé.

Ce sont d'abord les brochures intitulées, *Réflexions de M. Bergasse, Requête d'une Société rustique, Calonne tout entier, Lettre sur les immunités ecclésiastiques, Remarque sur la noblesse*, etc. ; le *procès-verbal du Dauphiné*, les livraisons des comptes-rendus des *Etats-généraux*, puis d'autres brochures, mêlées à divers ouvrages historiques et littéraires, l'*Avis aux Français*, l'*Ultimatum*, l'*Avis aux députés*, les *Curés du Dauphiné*, les *Réfléxions des plébéiens*, la *Messe*, le *Magnificat*, la *Délibération de Guienne*, l'*Avis des bons Normands*, le *Précis historique ae Bretagne*, les *Mémoires de Malouet*, le *Coup d'œil sur l'Angleterre*, l'*Almanach royal*, la *Gallerie des Etats-généraux*, le *Banquet des proscrits*, le *Domine*, les *couches de Turgot*, l'*Attentat de Versailles*, *La Lanterne*, les *Mémoires de M. Pouget*, l'*abbé Maurı*, un *voyage de Lesseps*, la *Liste des députés*, une *lettre de Mirabeau*, une *profession de foi*, le *déficit vaincu*, les *Mémoires de Saint-Simon*, *Serait-il trop tard*, etc.

Après le 14 juillet 1789, viennent de nouveaux achats :

Inconvénıent des droits féodaux, Rapport de l'archevêque de Bordeaux sur la constitution, Correspondance du comte de Saint-Germain interceptée, Sur la liberté de la presse, Correspondance du maréchal de Richelieu, Premier préliminaire de l'abbé Sieyès, Première nécessité d'un scrutin, Projets de doléance des sous-lieutenants de vaisseaux, Voyage à la Bastille, Prospectus sur les finances, Gardons le Roi, Observations de Nancy, etc.

En 1790, M. de Balleroy, reçoit : l'*Adresse aux Provinces, Qui choisirons-nous ?* l'*Adresse aux amis de la paix* ; le *Dialogue entre deux gentils*, un *Plan d'éducation*, un *Plan du pouvoir judiciaire*,

<hr>

[1] Mᵉ Fournier (Alain) est le même dont la réception à Rennes, en 1782, a été relatée au 1ᵉʳ volume des *Mélanges historiques, littéraires et bibliographiques* publiés par la Société des Bibliophiles bretons, Nantes, 1878, p. 219.

un *Discours des magistrats*, les premières livraisons des *Actes des Apôtres*, une *Galerie des Dames*, un *Almanach royal*, un *Almanach des députés*, un *Almanach national*, un *État militaire*, un *État actuel des cours de l'Europe*, l'*Assemblée nationale vengée*, *Le passé et le présent*, *La journée des dupes*, l'*État de la marine et des colonies*, le *Massacre de la Saint-Barthélémy*, la *Loi nationale*, etc.

C'est une véritable débauche de lecture !

Quatre ouvrages seulement de l'année 1791 (l'*Administration de M. Necker*, la *Monarchie vengée*, l'*Esprit de l'abbé Mauri*, la *Vie de Cagliostro*).

M. de Balleroy, subit évidemment l'influence des idées nouvelles. Il donna même des gages de *civisme*, comme on disait alors, en travaillant de ses propres mains au déblaiement de la place du château, pour la fête de la Fédération du 14 juillet 1790[1]. Mais aux approches de la grande tourmente, il s'éloigna et se tint à l'écart ; la liasse des mémoires de ses fournisseurs est venue aux archives de la municipalité à la suite de quelque perquisition domiciliaire qui précéda son départ ou fut une conséquence de celui-ci[2].

---

[1] Levot, *Hist. de Brest*, III, 275.

[2] Son frère aîné, Charles-Auguste, marquis de Balleroy, lieutenant général, le même qui s'était distingué à Saint-Cast, (1758), et son frère puîné, Jean-Paul-François, le chevalier, périrent sur l'échafaud révolutionnaire au mois de germinal an II (mars 1794). Le marquis de Balleroy, qui, à Quiberon, fit échouer bien involontairement la tentative de diversion du comte de Vauban sur Carnac, la veille du 16 juillet 1795, devait être le fils de Charles-Auguste, officier de cavalerie voir : le comte de Barthélemy, l. c. int. LXXXV et LXXXVI, notes.) Un chevalier de Balleroi ; — « Deshuttes de Balleroi, » — massacré au 10 août, est mentionné dans l'*Elégie de Laizerolles* sur « la captivité de Saint Louis II », broch. 1814, p. 21 et 54.